先秦·沧海一粟

李杭秦 (Elie Li) 著

DIXIE W PUBLISHING CORPORATION U.S.A.
美国南方出版社

先秦·沧海一粟

李杭秦 (Elie Li) 著

责任编辑：王德成
版面设计：侯国强

Published by
Dixie W Publishing Corporation
Montgomery，Alabama，U.S.A.
http://www.dixiewpublishing.com

本书由美国南方出版社出版

2024 年 2 月 DWPC 第一版

开本：178mm x 127mm

Library of Congress Control Number：2024931333
美国国会图书馆编目号码：2024931333

国际标准书号 ISBN-13：978-1-68372-616-6

作者简介

李杭秦，01 年生，旅美学生，文学爱好者。灵感涌现时随心写作，作品追求符合客观规律，融合思想与美学。本书是处女作，偏超现实古典主义。

北冥有鱼，其名为鲲。化而为鸟，其名为鹏。沧海桑田，时代变迁中，瞬间的一睹，一场对话，一局棋，成为了我们。

本书的时代背景为春秋，作为一部历史的探讨文本，打破了时间和空间的限制，以更远的视角，展现历史发展中，人的不同思想碰撞以及因此对历史发展进程产生的影响。在整个历史长河中，人弱小如沧海一粟，历史本身也在不停地轮回反复，人到底是作为一个什么样的角色又应该作为怎样的角色参与进来，读完本书会产生这样的思考。

内容简介

目录

奇女子

阴暗的庙堂内室，即便白日也少有阳光落入，被坐落于四角的灯笼和掉落在地面的提灯照亮着。举目四望是漆红的梁柱和石灰覆盖的斑驳的墙壁，石质的地板冰冷刺骨，如同此刻几人对望的眼神。少女双手被反绑着，两名男子正在等待年长者的指令，少年呆呆看着，少女神情中毫无惧色。

一种奇异的预感在他心中升起，仿佛下一秒将要发生不寻常的事，村里壮汉和祭司的权威却让他不敢想象。祭司使了一个眼神，壮汉便将少女以跪姿按倒在地上，在她麻线粗糙织成的长裳下，露出一条绵布长裤。他从未见过这种制式的服装，惊讶之余，脑海中响起少女曾讲述的传说与见闻。

时间回到他们第一次见面时，刚过了播种的时节，闲来无事，少年背上一只短弓去附近的森林打猎，留下兄长们看守房屋与田地。他曾苦练用弓和潜伏的技巧，并以兄长们更高大为辞，多次要求外出狩猎的机会。但在他内心深处，比起山鸠，野兔和偶然遇到的鹿与狐狸，他更加期望山丘上看到的田连阡陌，变幻万千的云，还有日升日落。

这一次，他走到一片丛林，从砍柴人开辟出的小径里，一高一矮的两个身影向他缓缓靠近。少年挥手示意，却发现是从未见过的面孔，不属于他所在的村庄，也不曾在附近的集市中出现。

“试问二位何人，前来此地有何用意？”少年快步走上前询问。

比起身旁男子，少女先开了口。“我叫铃，取自一种乐器，是两地游商的女儿。这位是我家的帮手，名临，负责在父亲外出忙碌时照看我。我们预计在这一带停留一个月，人生地不熟，还请兄台多多担待。”

“鄙人名溪，取自山谷河流，农闲时节常捕鱼打猎。请问令尊从事哪类商贩，可有收购野兽毛皮？”

“实不相瞒，家父此行正是为了毛皮和肥膏，毛皮可运至都城制裘，而肥膏则是王公贵族们的烹饪品。除此之外，家父亦从事青铜铁器，玉石和绸缎的生意，若今后有缘，不妨随我去都城看看。”

溪的眼中闪过一道光芒，片刻过后又微微皱眉，“你若常与玉石丝绸为伴，为何身着粗麻布衣，与我们乡野村夫别无二致？”

铃眨了眨眼，回应道：“家父深谙勤俭守财之道，小女敬佩不已，自知应当效仿。”停了一会又说，“并非所有人都理解他，我的两位兄长沉迷奢侈享乐，所以他更愿意让我随同远行，以期望培养我的言行，从而更好地引导他们。”

少年脸上仍然写满了困惑，面对此情此景，铃甩下几个字：“长袖善舞，多财善贾。这个道理，等有时间再和你说，今日匆忙，就不耽误兄台了。”

一旁的男子向溪行礼告别，他笨拙地模仿着，见男子与少女离去，也按原本的方向继续前进。身后两人的脚步声逐渐消失，很快仅剩鸟雀作鸣相伴。

再次见到铃，是在粟田旁的空地上。一根树干孤零零地立着，手持短弓的少年不断后退。斜对面的小路上，少女转头瞧见这一幕，停下脚步对他微笑。与同乡女孩不同，她温柔的鼓励中，似乎藏了心机。

簌的一声，箭头刺入树干。少年满意于自己的成果，扬起头，回敬少女一个得意的眼神。

铃一脸平静地向他走来，道："真是好箭法，你可曾试过击落飞行中的麻雀？"

溪摇了摇头，故作轻松地说："不能。相较平常猎物，麻雀体型太小，飞行速度又快。不过，如果我潜伏在灌木丛后，而麻雀憩息在树杈上，还是有把握的。"

话毕，他又加了一句，"击落飞行中的麻雀，恐怕只有神人才能做到。”

这话正中铃下怀，“我这次随行，就带了一篇关于神箭手的帛书，由大儒写就。你我有缘，我愿意将此书赠予你，请在此稍候片刻，待我将帛书取来。”

少年答谢过，在黄土坡上席地而坐。目送铃远去后，他凝望着风中晃动的粟叶，心中充满了期待和疑虑。半晌过后，少女唤着他的名字小跑过来，手中拿着一束绢帛。

得到容许后，他迫不及待地接过绢帛，用手指着每个认识的字，跳着念了起来。读到一处，他停下问少女，“你说的神箭手功法，就在这里吧？”

铃点头默认，为他读了起来：

「飞卫曰：“尔先学不瞬，而后可言射矣。”纪昌归，偃卧其妻之机下，以目承牵挺。二年之后，虽锥末倒眦而不瞬也。以告飞卫。飞卫曰：“未也，必学视而后可。视小如大，视微如著，而后告我。”昌以氂悬虱于牖。南面而望之。旬日之闲，浸大也；三年之后，如车轮焉。以睹馀物，皆丘山也。乃以燕角之弧，朔蓬之簳，射之，贯虱之心，而悬不绝。以告飞卫。飞卫高蹈拊膺曰：“汝得之矣！”」

“所以想学好射箭，先要练习定睛凝神的本事吗？并且下五年功夫在同一件事上。”

“你果真天资聪颖。”铃赞许，“不如你从今天起按书中方法练习，十五日后我们在这里相见，让我看看你的长进。虽不及五载之久，也可见微知著。”

“一言为定。”溪不知如何答谢，只好学着那日男子的样子拱手作揖。铃也以礼回之，却是右手抱拳，左手盖在拳面上的手型。她身姿挺拔，仪态阳刚，令溪不禁疑惑，这是女子所为吗？也许在遥远的异地，人人皆如这般。念在恩情的份上，溪并没有开口过问。

二人告别，各奔东西。

十余天后，朝时，少年早早赶到空地上，用黑炭在木桩上涂了一个掌心大小的圆点。他拍了拍手，行至远处，搭箭拉弓，弓声响过，箭头命中黑点。在成绩的激励下，他又走到鸟雀聚集的地方，向空中的麻雀和燕子陆续放了十箭，没有一只被射落下来。怀着半分遗憾，他回到空地上休息，等待铃的到来。

少女前来时已是午时，她注意到插在黑点上的箭杆，问溪从何处起弓，溪指了指空地的尽头。

“你可否试试站在粟田中向木桩放箭？”铃提议，少年点头答应。

瞄准时，溪依照书中道理和训练时的心得，全神贯注地盯着目标，直至视线中再无他物后才撒手。一瞬间，他觉得自己与那位神箭手产生了一种跨越时空的共鸣，可当他放下弓，眼前结果却让他心凉了一下。树干上空空如也，而箭杆斜立在远处的泥地上。

仿佛早就知道结果一般，铃的脸上露出一抹再也藏不住的深意。“成败常事，不必挂在心上。你可愿借我弓箭，由我向你示范一番？”

“我听闻女子属阴，阴主静、阳主动，因而女子不善箭术和御驾。”溪回绝。

铃听罢仰天大笑，“此言出自哪位高人，他可知古有商后母辛征战四方？”

“村中长老，亦负责庙祭和行医。他会在每次祭祀后召集起大家，传经布道，而我正是在那时听来的。”溪面露愧色，只好如实回答。

“下次集会，邀我一同前去聆听高论。罢了，你若借我弓箭，射中猎物归你，不中，每支箭高于市价一倍补偿。”铃轻松地说。

溪把弓递给铃，并亲自为她绑上箭袋。交接过后，铃先是蹲在地上调整了一会，随后走到远处，对准从树上起飞的麻雀。看着她娴熟专注的样子，溪忍住了自己大喊一声的冲动。眨眼间，一只小鸟应声而落。落地前的悲鸣使它的同伴们四散而逃。

少年深吸了一口气，待铃归来，询问她练习的时长，并表示愿择日以师徒礼向她拜师学艺。铃却拿着鸟雀和弓手舞足蹈，丝毫不掩饰胜利的欣喜，完全没有大师岁月沉淀而来的镇静。

“一载有余，才不是什么盯锥子盯虱子呢！”溪一脸茫然，铃解释道，“我初学射箭时，发现要诀在于心神，身体和器物的协作，还有由经验转化成的知识。调整心神容易，控制身体却难。于是我每日静托，推举青砖或石料，逐步增加时间和重量，最终达到举重若轻、纹丝不动的状态，日常练习时得以事半功倍。”

“随后我想到射击飞行中的鸟雀，便观察不同鸟类的飞行速度和轨迹。因翅膀大小与个性使然，有蹿跃，有滑翔，有盘旋，波动有频有稀，有陡有平。根据这些，我推演它们的运动，并寻找最佳的角度。即便如此，也不能百发百中。”

“你既然已经悟道，为何给我错误的指引？”溪想到自己这些天的无用功，不禁懊悔。

“我想证明并理解老子之言「绝圣弃智，民利百倍」。你看这些写书立传的人，为了让自己笔下的事物受人景仰膜拜，写高深之道而非实践之道，描述神奇之事而非可行之事，反倒误了世人，还让寻常人自惭形秽，忽略了自身的潜力。”

“什么是潜力？”溪似懂非懂，随意挑了一个词作问。

“潜力无形无踪，存在于世间万物。它本身不产生变化，却可以被利用于变化。”铃装出智珠在握的模样。她从自己无心细读的文章中借鉴，捣鼓出一番言论。

“本人愚笨，不能理解。”溪叹了口气。

“不要妄自菲薄。”铃连忙安慰他，“我也在探究它的存在，你我皆是同行之人。”说完她又扮了一个鬼脸，看起来和同龄玩伴心智无异。

随后，他们相约一起去集市和庙祭。回家的路上，溪心事重重，但想到能够向铃展示自己熟悉的事物，不觉多了一分轻快。

铃和溪走在一起时，邻居们以为她是新来的未婚妻，纷纷向溪投去羡慕的眼光，其中偶尔有责备，“你小子外出不久，从哪里找来这么漂亮的姑娘，也不跟我们说说！”溪不想因铃身份不明而给彼此惹上麻烦，只好胡乱应付。慢慢地，他越来越偏好向寂静偏僻的地方踱步。在无人之地，铃和他讲起天南地北，奇花异草和珍禽异兽。

“你说的巨鹰，生活在荒山野岭人迹罕至的地方，却吃人。那么没有人经过的时候，它们吃什么？”

“它们平时捕食一种猿猴，看到人影，便以为是猿猴而发动袭击。”

“这种巨兽有六条腿和两对翅膀，却没有五官，怎么吃东西？”

“它的头部有一个巨大的孔洞，吸气时如飓风一般，附近的生灵都会被吸进去。”

“可是它没有孔洞可以排泄，只进不出肚子不会被撑爆吗？”

“它的皮肤通透火红，不能供养身体的杂质在外层燃烧，随着吸入的空气一起排放出去。”

一个见所未见闻所未闻的世界在溪的眼前展开，奇幻得令人神往，凶恶得使人畏惧。可即便所有的惊异和兴奋加起来，也不及铃几天后的所言所行带给他的震撼。

庙祭上，祭司的徒弟们抬出一尊黑色的神像，外形方正，盘曲的纹路间，依稀能够看出人形。这是一个三头六臂的身体，两侧各有一头似虎豹，朝向众人的脸怒目圆睁。一旁的长老两鬓斑白，束发蓄须，穿着宽袖长袍。他嘴上念着请求饶恕的祭词，走到正中面朝神像双膝跪地。在他的带领下，众村民们纷纷下跪，五体投地叩拜起来。铃和溪混在人群中，见状也跟着屈身。

跪拜仪式过后，祭司带着一众弟子，向村民们按每户田产收献贡。贡品以碎银或牲畜为主，由家主或长兄上交，溪是家中幼子，无需费心管事。他如往年一样安静地站着，神态恭敬，丝毫没有注意到身旁的少女面色不悦。

待到庙祭结束时，铃将溪引至僻静处，问他神像和仪式的来由。

“庙里供奉的是魑，是本地的守护神，你的家乡应该也有吧？”溪顿了顿，接着说，“几代人之前，这里曾在它的护佑下风调雨顺年年丰收，直到有一天，有人向它行了不敬之事。”

“附近有条泾河，平时水浅流缓，徒步就能淌过。只是不知怎么，那年雨季过后，泾河水涨久久不下。有一队人马需要过河，在村里借住几天后便不再等待，从附近搬运巨石推入水中搭桥，其中就有魑的神像。尽管庙祝及时带人把石像捞上来，修缮复原，半个月后还是发生了洪灾。此后，村庄疫病不断，直到先长老，也就是如今长老的爷爷，率先向神像献贡祈求原谅，祸殃才渐渐消去。即便如此，土地产出也是大不如前。”

“所以你们认为，只要诚心供奉，就能回到从前的富裕生活？”铃双臂交叉抱在胸前问道。

“凡人所思所想，神鬼有知，心诚则灵。”溪如是回答。

“你可知这里是辰国的属地？”

“偶有官吏前来，从中略知一二。”

“正巧，我这里有国君的传说。相闻子彻路过泾河时，曾脚踏神石而得赐梦。他根据梦的指示投靠周天子讨伐西戎北狄，大胜归来后获封辰地，后世称辰武侯。”铃的语气中透露出得意，她一边说一边观察溪的表情，少年则在惊愕和困惑间摇摆。

“我们寻找时机潜入庙中，把魑的神像砸了吧。”铃突然来了一句。

“何故？”溪急忙问。放在从前，他做梦也想不到如此狂放的主张。

“天降神石，拜之生灾踩之封侯，若是毁了，岂不大吉？”少女神采奕奕。

朱雀

半夜三更，少女和少年一前一后地走在神庙的院子里，两人各提一只灯笼。少女的肩膀至腰部环绕着一个布袋，里面装有软梯，撬棍和铁锤。他们在寻找放置神像的密室，准备将那塑像砸成碎块。

二人屏息静气，小心留意着脚下的每一步，尽力控制行走的声音，明晃晃的灯火却把他们照得如活靶子一般。少女走在前面，脚步如机械般坚定，心跳似逃生的野兔般疾速。

对于魑鬼的法力，她嗤之以鼻，令她兴奋的是战斗的感觉。始龀之时，她曾分别用木棍和水打乱过蚂蚁的行军，看迷路的蚂蚁们群龙无首地乱窜，直至有幸碰上同伴，或走向远离巢穴的不归路。鬼神能造福降祸世人，其踪影却不被察觉，类似于她对蚂蚁的生活施加影响。它们不会期望人的崇拜和贡品，就像她不会和蚂蚁投桃报李一般。倘若他们与人的关系不像她与蚂蚁一样疏远，而是人的始祖，创造者或拯救者，也一定无心欣赏人们奴颜婢膝的模样。

村里的长老和巫师借由敛财，背后少不了地方官的扶持。他们把村民们心甘情愿拱手相送的财物分出一半给地方官，解决了税收和油水的问题，从某种意义上避免了官民冲突。只是，如果说这是最佳的治理之术，她实在无法认同。

少女用余光扫了一眼右后方的少年，她还记得自己刚提出毁坏神像时，少年错愕和质疑的神情。他怀疑立国国君的故事是假的，而她是个江湖骗子，来到村庄别有用心。少女问他，为什么不质疑熟悉的人在眼前拿走钱财，而对外来的给予之人设防。他一时间愣住了，四目相对无言。少女又以他亲生父母年事已高相劝，若能积蓄更多余粮，便可免除他们的操劳，从而益寿延年。少年同意了，少女看他真诚质朴，和他说从即刻起开始筹划，并教他守密不要外传。

两人策划研讨时，溪告诉她每次庙祭的细节和抬运神像时行进的方向，根据这些，少女用木棍在泥土上作画，判断出此物存放的大致方位。他们来到预测的地点，果真在厅堂的后侧发现了一个小门。少女放下提灯，溪上前一步照亮锁孔，她用工具撬开，两人轻轻推门，蹑手蹑脚地走了进去。

内室里早有埋伏。还没走几步，他们就被暗中守候的人从身后反手控制住了。这些人把少女双手捆在背后，点亮房间，又松开了少年。只有两个守卫，看来整个计划连同人数一起被透露出去了，少女心说。两个壮汉一人看守在原地，一人唤来祭司，待他下令发落。少年杵立着，神色呆滞如坠冰窟，毫无通敌者的镇定。

身后的男人踹了一脚，又压着肩膀把她按倒在地。在少女的经历中，如此屈辱的时刻并不多，她却不为背叛感到恼怒。如果她的目的只是破坏石像，大可独自完成。实际上，她此行是为了接触平民百姓的生活，包括从他们的角度了解和试验真实的人性，乃至施加影响。因此，她早就想过多种节外生枝的情况，并做好了应对的准备。

下一秒，只见一个身影从黑暗中冲出来，接着是刀剑挥舞的声音。两个壮汉来不及招架甚至叫喊就脖颈断裂，倒在了血泊中。鲜血在少女的衣裙上留下了喷涌飞溅的痕迹。是临，少年悬着的心一半踏实下来，一半又被忐忑占据。初次见面时，这个高大又样貌平平的男子并没有给他留下太多印象，只记得此人脸上一抹淡漠显得老成。

摆脱了束缚，少女甩开新鲜的尸体，挪动双腿站了起来。她径直走到灯笼处，背靠灯笼向火焰伸出双臂。麻绳燃烧起来，她在一刻间挣脱。少女露出狰狞的表情，火焰灼伤了她的肌肤。临一直看着，却没有任何举动，只因为他完全理解少女的心意，两个人默契得就像同一具身体的手和脚一般。

祭司试图逃跑，临三步并两步，轻松地把他抓了回来。

“你究竟是什么人？”

“王女子翎。”少女不含感情地说，她打开背包翻出软梯，抽出其中的绳索，示意临把祭司捆在柱子上。

“民见过王女。”少年急忙表达敬意。

“你为何通报寺庙的人，走漏消息，不妨说说。”子翎盯着溪的眼睛，捕捉每一个动向。

“不是我。”溪摇头，“我只是告知了我的二哥，好在发生变动前，家人能够做好准备。谁知他……”

“当真如此？”子翎转头看向临，“抓来细细审问。”

临默默点头，他离开前将溪也五花大绑在另一根柱子上。祭司和少年一人一边，看起来有些滑稽。

祭司嘴上嘟囔着，想要以利益换取生路，子翎冷冷地瞪了他一眼，走到少年旁边倚靠柱子伸腿坐下，不再理会他。

“委屈你了。”少女幽幽地说。

少年不知如何应答，憋了许久突然来了一句，“你没事真是太好了。我不想害你。”

“我知道你无心，不过会忍不住告知家人，还是心有不安吧。你曾有何顾虑，不妨说说。”

少年沉思了一会说：“村庄的大小事务，都已与长老和庙祭人员息息相关。我无法想象这一切消失后，村子会变成什么样子。”

仿佛得到了满意的回答，少女明朗地笑着，“无妨，就让我来带你见识。”

半晌，临扭送着溪的哥哥进门，子翎上前与他交接。他们把兄长拉到另一间房里讯问，又返回与溪一一对质。确认无误后，子翎告诉他只要指出所有和长老祭司亲近的人，就能将功赎罪。

子翎亲手为溪松绑，取回绳索交给临，并吩咐他：“把长老和主持庙祭的主要人物抓来捆上。传更多仆从来此地，在山丘上寻找能看到寺庙的地点开辟布置，搭设宴台。招来门客。三日后放火烧庙，而我将在山上摆酒设宴。”

“至于石像，凿碎后乘小船一路散落河底。”

四人走出寺庙时，天空已经破晓，东方天际金红镶边，另一端则笼罩在透明的转瞬即逝的蓝紫色中。

低矮的三具长桌拼出一个品字，四顶流苏华盖棚伞支在四角。子翎身穿银边暗红曲裾华服端坐主位，手腕烧伤处各戴一只神鸟金镯，盘发上插着三只凤羽金簪。溪位于右侧角落，身着王女赠予他的灰白青色勾勒直裾深衣，在一众门客中显得大方得体又不僭越。临则是藏青上衣褐色下裳，坐在宾客间靠近子翎的位置。余下门客礼服制式档次各有千秋，不见过多拘束。

待来宾齐了，侍女们领来胡人舞者和鼓手表演异域歌舞。乐曲和舞蹈节奏感强烈，表演到兴头上，舞者们跳上桌子旋转起来，舞技之卓越，哪怕再窄的平台也不会跌落。子翎满意地欣赏着亲自设计的节目，心想若是父王宫中的守旧派看到，只怕又要哀叹礼崩乐坏了。

歌舞过后已是午时，侍女为每位来宾递上酒器端来琼浆，点火烧庙也从这时开始。遥望山脚，燃烧的烟雾如滚滚烽烟，宾客们一边观望一边品尝着烤乳猪和炮羊。酒过三巡，子翎离座，前去一一交谈，谈笑间偶尔轻抿酒杯润润喉咙。唯有走到临身边时，两人相顾无言一饮而尽。

溪排在最后，彼时宾客们的视线已经不再像起初一样，充满期待地聚集在子翎身上。她凑近溪的耳边低语：

“我行事荒诞，若不慎致使亡国，你是否愿意与我浪迹天涯，游历山海？”

朝堂上，精雕细琢的礼器熏香缭绕，编钟的回响似乎还未消去。阶梯之上御台正中，国君的冠冕垂下九根珠帘，兽纹浮雕围绕的身形不怒自威。阶梯下，文武官员各站一边，一位女子仪态端庄缓缓走来，至台前停下。

子翎拜过父王后，国君开门见山，直道：

“你可知罪？我准你外出游历，本是寄予厚望，盼你有所学习领悟，你却借机胡作非为。民乃国之本。民俗岂能肆意破坏，民人岂能说杀就杀？”

“父王息怒。”子翎冷静地说，“孩儿扮作平民路过荆乡时，只见长老和祭司试图以鬼神代君主，囤积财产兼并土地，密谋训练私兵。我欲阻止，却被贼人所伤，幸亏有临在旁护卫。”子翎边说边伸出双手，宽袍大袖下，露出生疤的手腕。

看到女儿玉体受损，辰王的语气平和了许多，他继续问：“荆乡乃先祖发迹之地，一向太平安宁，你说的当真属实？”

“孩儿不敢欺骗父王。我在乡里遇一平民，训练私兵的事即是从他口中得知。念在他通报有功，我已将他带来王都，待父王召见。”

国君传来此人，是溪的二哥岩。到了御前，岩按子翎教他的，和国君说起长老如何妄言石像所承载的神明为辰国属地主宰，并以卦象为由募集私兵。听着听着，辰王变了脸色。

“子翎，是我错怪你了。乱臣贼子千刀万剐也不足惜。”说罢，他下令将长老祭司后代充军，土地财产充公，并从中赐一部分给岩。

“父王圣明。”待岩答谢完毕，子翎请求道，“孩儿归来后已闭门思过，自知行事莽撞，不懂克制。愿劳累身心治理荆乡以将功补过，请父王属意，假以时日定使此地富饶。”

“你若诚心助力也无妨，切记不可以公谋私，劳民伤财。”

子翎道谢后离去。国君与大臣商议两三事后便宣告退朝。

王宫书房内，辰王与国相对坐闲谈家事。子翎身为嫡长女，已经到了出嫁年龄，且有聪慧多才贤名在外，各国王公贵族派使者前来求娶的不在少数。

“还记得你曾说子翎是朱雀降世，能安邦定国？”

“此乃星象所归。”国相已白发长眉，略微有些老态龙钟。

“若她真自带天命，有益我国，招驸马留在辰地如何？”

“联姻公主已有子玥，子瑛二位。如今形势平稳无忧无患，没有必要送子翎远嫁。”

“辰国乃福地，怕是神鸟也不愿飞远。”国君看着铜器上的朱雀有感而发。

与此同时，溪也在子翎宅院的书房里，两人围在煮茶的炉子边上，如同相视于夏夜篝火。

“你要是想杀我，只需把我悄声跟你说的，透露给父王即可。”无形中，子翎把刀子递给溪，并教他如何使用。

“我绝无此心。”溪低头，心里又惊了一回，“你让我过来，就是为了说这个吗？”

“当然不是，你的兄长得到了田地，你也很开心吧？”

“不知道他会不会发迹后自立门户，从此疏远我们一家人。”

“孩子长大成人，独立生活也是合理的。”子翎面色柔和，“我会派人过问，如果他有此打算，不如现在就决定，因为我会将剩余的田地按门户均分。”

溪喜形于色，多年来，寻常农户多有入不敷出卖田的，长老祭司们的土地却越积越多。

“你听说过「国不可一日无君」吗？其实不只是国家和君主，别的角色也是一样。空缺了，总要有人替代的。”

“你是说长老吗？”

“正是。我已在宴会上挑选好农学弟子，派他们去荆乡办学堂，传授育种，播种和堆肥的方法，普及农具，以代替长老的阴阳大论。不管是什么治国之道，充实百姓的粮仓才是基本。”

“只是事无恒常，村民起初会拥立这些人。时间久了，难以预料是否会滋生纠纷和不满。我需要你这样的当地人来协助管理与教化，才更能服众。”子翎停顿住，一脸期许地看着溪。

“我尚年幼，不知能否胜任。”溪不好意思地说。

溪的回应正是子翎乐意看到的。一个会反思自己德才的人，比急于得到官位的人更值得信任。溪只有务农和狩猎的经验，不因眼光局限而糊涂，反因纯粹而头脑清晰，让她在心里赞美这个相识不久的少年。

“我初学射箭时，曾屡屡逊于兄长们，父王和老师都说我资质平平。可当我发觉练习的诀窍后，便开始胜过他们。这就是潜力，藏于人时不限身份年龄。朝中不乏年少者，只因他们是士大夫家出身，从小受教育熏陶。于是就有了天命的论调，只有他们可以掌握学识和思想，而庶民只能听从或安分守己。”

“我对此不以为然。所以带你来寻觅良师，至于学派则由你自行选择，学有所成后用于乡里。”

对于子翎说的士大夫，溪只觉得高不可攀，过于遥远而不甚在意。他小饮一口凉过的茶，苦涩的滋味让他五官皱成一团。看到溪一闪而过的痛苦的表情，子翎起身出门，寻仆人取来蜂蜜。

侠以武犯禁

木屋的阁楼上，八岁的周林趴在窗口向街道张望。路上的人们行色匆匆，偶尔有马车驶过，谁也不会抬头看，注意到一个小孩的存在。他满足于这种观察着他人，却不会被发现的感觉。

他的目光在来往的各色行人中兜转，寻找着一个头戴络子花饰的身影。她总是身穿淡粉色或淡青色葛衣，踮起脚尖，在泥泞的道路上不紧不慢地走着，手里提着绣花布包。那个女孩大他五岁，是布坊白家的女儿，名叫白桑羽。她的绣工在镇上不算顶尖，却会用彩绳编织花络，做成各种饰品到集市上换钱。第一次照面时，周林只记得，这个高他一头的姐姐，有一双温柔的杏眼。

两个月前的一件小事，让周林从此对她念念不忘。那天，他和同龄的玩伴在街上追逐打闹，被一群十二三岁的小伙子拦住。领头的少男递给他一卷粗制滥造的布料，指着远远走来的白桑羽，托他递交给她。周林未经三思便答应了。直到少女翻开布料，面色不悦，而男孩们集体爆发出哄笑时，他才意识到自己被耍了。不用说也知道，那块布料上画了什么好东西。他羞愧地呆立在原地，正想着该如何解释，桑羽却一言不发，当作什么也没有发生，把布料还给他后继续赶路。

“何必庸人自扰。”几天后，周林找到她，细说事情原委，只得到一句平淡的回应。朱唇轻启间，面容不见一丝波澜。

男孩却因此被迷住，常常找借口去集市，看着她的摊位出神。他意外发现，这个姐姐竟然比他更不会讨价还价。来往者中有意询问的，多半是经验老到的妇女，桑羽报价后，她们总会砍掉一大半，只要不低于成本，她往往也就认了。

见少女一次次吃亏，周林终于忍不住了，他走上前提醒桑羽，做小生意不能总是退让，却被一个小伙子拦住。他衣着光鲜亮丽，一脸漫不经心，似乎是在欲望总被满足的优越生活中养出的神情。身后站了两人，不知是跟班还是家丁。

“小屁孩毛长齐了吗？也不打听打听，你爷爷我孟云的大名，竟敢打我未来妻子的主意？”

孟云推了周林一把，男孩踉跄向后倒去。一旁的跟班也凑上来，他见状不对，匆匆离开了现场。

随后的几天里，周林从家人和亲戚口中了解到，孟云是地方官吏的长子，平时游手好闲，吃喝嫖赌无恶不作。他依仗家里的权势，赖账也是常有的事，城里各家商贩都唯恐避之不及。听闻诸多事迹，周林隔日一早赶去白家布坊，告诉店主，孟云品行不端，婚后未必会善待他的女儿。

店主摆摆手，心想这么小的孩子也来劝他。他敷衍周林，女儿本来就是给别人家养的，如今他已经收了彩礼，不好意思反悔。

不久，两家便举行了婚礼，婚后桑羽不出大门一步。

周林再也看不到她，渐渐地忘了这个为他带来最初悸动的女孩。

再次感到魂不守舍是在五年后，此时周林已经开始参与打理家中生意，他做事用心，为人牢靠，街坊邻居都颇有好感。偶尔有姑娘接近他，周林会试着相处，可她们都不曾涉足他心中最纯净柔软的角落。

一天傍晚，周林和伙伴在酒家歇息，谈天说地间，突然发觉周围的喧嚣声安静了片刻。他转头张望，只见众人的目光都聚集在一位身着桃红色罗裙的女子身上。她轻施粉黛，展现出一双狐狸眼，鹅蛋脸和樱桃唇，腰间系着一束丝带，勾勒出窈窕的身段，漫步穿梭在酒桌之间，举手投足尽是风情。

此人不是别人，正是酒楼老板的千金楚绮月。当下她双眼定在一位客官眉宇间，对他浅浅一笑，那人便心猿意马，露出一脸痴态。绮月却转身走了，留下他独自失落。据说曾有人忍不住冲动，光天化日之下贸然上前亲近，挨了一顿打不说，还赔了不少银子。

周林和伙伴待到很晚才离开酒楼，回家后一直忘不了那一眼芳容。接下来几天，他得空便四处打探有关绮月的消息，多有人打趣她是狐狸成了精，也有人净说些毫无依据的流言。听着听着，周林脑海里回响起几个字，“庸人自扰罢了”。

他相信绮月只是愿意展露天性中最美好的一部分，想着想着，便觉得只有自己能够理解她。他常去酒楼附近的市场闲逛，期待在这里巧遇她的风姿。

终于有一天，周林得以如愿，然而这次相逢，却是因他最不想见到的人而起。那个下午，他听到市场某处传来破口大骂的声音，便匆忙赶过去查看，发现是孟云在一家果摊前指责铺主挑了次品给他。小贩直喊冤枉，孟云却不依不饶，要求加倍赔偿。孟云身后，绮月的橘粉色襦裙在一众青衣家丁中颇为显眼。周林难以抑制惊鸿一瞥所引来的心动，他的头脑却逐渐被纷乱的思绪占据。

同为血气方刚的小伙子，周林明白，孟云此举是在向绮月展示自己的威风，试图以此俘获芳心。可他已经有了白桑羽为妻，他打算怎样对待两个女人，是休了桑羽，还是纳绮月为妾？周林佯装事不关己离开了是非之地，心中暗想该如何探听此事。

很快他得到了消息，原来白桑羽早已不在人世。嫁入孟家半年后，她便频繁经受冷遇，到后来像奴仆一样受使唤，生了病也不请人照顾，病死后连葬礼也是草草了事。孟家不曾对外声张，只当是死了下人，在他家做短工的人却看得清楚。

周林悲痛之余义愤填膺，怒骂孟云像条四处撒尿的公狗，只知道糟蹋不懂得怜惜。为桑羽复仇的念头在他心中盘旋，从一丝阴霾到黑云压城。他照旧为家里做事，只在得空时前去市场漫步，万事毫无异样，除了那把唯有他知道的藏在葛衣里的长刀。

当孟云再次出现在视野里，周林抽刀上前，一下砍在他的脖颈，瞬间血溅五步。孟家家丁和跟班们纷纷吓傻了，他们虽然曾欺凌人致死过，但都是从侮辱到拳打脚踢步步升级，从未见过周林这样不声不响，动手便是白刀子进红刀子出的。看着孟云倒地，周林渴望此刻绮月就在不远处，目睹他挥刃的英姿。下一秒，他冷静下来，沿早已摸清的小路逃跑了。

确定身后无人追赶，周林换下衣服丢到河里，用身上盘缠搭上一辆马车，随之前往陌生的方向。

一番颠沛流离后，周林被一伙强盗收留。他们当自己善心大发，救了一个小叫花子，平时打发他干脏活累活，周林也随叫随到任劳任怨。就这样过了半年，直到某天他们在山上喝酒，兴头上来叫了周林共饮。

借着酒劲，强盗们聊起自己见过的场面，从躲避官府到取人性命。其中一人随口问了周林一句，他便讲起斩杀恶棍一事，细节充分，不像是自吹自擂。强盗们让他挥刀，对着一棵树示范，周林照做，寒光闪过时唯有腾腾煞气。他们顿时称赞周林为少年英雄，下次拦路抢劫时让他打头阵。而后周林也没让他们失望。

光阴荏苒，转眼间又是两年。强盗们辗转来到一座小城落脚，顺便在附近探风踩点。周林手上积攒了钱财，想做一门正经生意成家立业，于是开始观察当地的生活。

就在这里，他遇见了今生难忘的恩师。

辛苍祖上是诸侯出身，可惜到了他这一系，除嫡长子外，已经没有任何家产可供继承，甚至连家族荫护都微弱到可以忽视的地步。在这样的家庭里长大，次子们学文或习武，后者多以矛戈，御驾和兵法为主，唯独他偏爱剑术。儿时，辛苍的亲兄弟和同样地位的伙伴们多与他交好，直到成年后，他们多数在军中任职而他只能另谋出路时，他才明白其中原因。而后，他游历各国，成为诸侯公子们的剑术指导。偶尔回想过往，也会思量着比较起各自的境遇，只觉得他如今的生活乐得自在，不知觉中过了半生。

那天，辛苍借住在薛城，晨间舞剑以驱赶昨夜醉酒带来的昏沉感，被一个路过的小伙子看到。他在门槛边的废弃石料上坐下，津津有味地观赏起来。辛苍用余光瞥见他专注的模样，便示意了几下实用的招式，小伙子留意到了一瞬间的变化，与之前的花哨动作不同。他兴致盎然，等到辛苍晨练完毕后恭敬地上前求教。

辛苍此前从未教过庶民弟子，他反复想了想，让周林去寻一件拜师礼物，不限定类别，以管中窥豹观察他的品性。过了两天，周林带了一张虎皮回来。辛苍爽快地答应了，并笑着歌颂起与虎谋皮的勇气。

周林习剑格外用心，常在指导时间外独自练习钻研。每隔一段时间，他的剑法有所长进，辛苍都看在眼里。不久后，辛苍受邀离开薛城前往他国王都，周林以随从身份跟在他身边。

作为暗处的弟子，周林跟随了辛苍两年，直到某天在一间客栈，他被商队中人指认是之前劫过他们的匪徒。周林反问他何出此言，那人回想着领头强盗蒙面的样子，眉眼间稚气未脱，依稀可辨有相似之处。辛苍不信，打发了那人后派亲信调查，一个月后得知周林曾因谋杀地方官的长子被他的家乡方圆十里通缉。

周林向辛苍一一说起孟云的恶行，老师却道他犯了王法，本当依法惩处，只是师徒一场，为情为道义，他们应该私下做个了断。于是提出决斗，以剑道定生死，若是周林赢了，往事一笔勾销，若是输了便任杀任剐。周林欣然答应。

前几个回合，辛苍所出皆是与周林讲解过的招式，攻防早已了然于胸。而后，他突然使出一招保留的杀手锏，本以为能杀他个措手不及，却被周林以反应速度躲过。难以察觉地，辛苍乱了阵脚，反被周林制服。

周林不忍心伤害恩师，收起剑准备离开。辛苍欣慰地告诉他，他已经成长为一名合格的剑客。

“剑客的剑，挥向更强者，而恶霸的剑，挥向弱者。”

周林始终记得告别前，辛苍对他最后的教诲。他许久后回到辛苍住过的故所，却寻不到任何踪迹，唯有墙壁上剑刃的划痕，如同一个人孤单的背影。

从此以后，周林在谋生之余，常行侠义之事，不久便在几个小镇间颇负盛名。他的名声引来了不速之客，此人自称是郑长晋，卫公子麾下的门客，受卫公子之命邀请周林前去其府上。

周林想起跟着孟云的那帮家丁，礼貌地拒绝了长晋。长晋见利诱不成，便以害处威胁，告诉他独行侠只能落得暴尸荒野的下场。周林反问他，你执剑一生，只是为了有人替你收尸吗？这句话彻底激怒了长晋，他提出决斗。这是周林第二次生死对决。

两人交锋时，长晋多次逼迫周林格挡，令剑刃撞击。起初周林以为是功法不同，直到他的剑断了半截，远远地飞了出去。长晋把剑抵在周林喉上，以仁义之名限他在一日内自尽，不然即使不能亲手杀了他，也会让他侠义之名丧尽。随后，长晋高歌离去，周林沉默地退回房内。

半晌过后，一位少女请求来访。“她要见便见吧。”周林随口答应，魂魄仿佛已经离开身体。

少女进门坐下，几句问候过后，她疑问周林为何如此意志消沉。他把刚刚发生的事如实告知少女。她听闻后劝说周林，离一日还有时辰，稍后自裁并不违背信义，并问他是否有后事需要料理，她愿意效劳。周林离家逃亡许多年，家人兄弟不知生死，早已了无牵挂。他见少女颇有侠客之风，便问她名字，少女自称翎。

一个时辰过后，周林仍在原地静坐。翎回来见他，手上提着一个麻布包裹的盒子，说是给他送饭。周林拆开包裹，只觉得异香扑鼻，精致的木盒薰过浓厚的香料，令人想到珍贵的药材，或是其他珍稀之物。他打开木盒，里面塞着一个放过血的人头，太阳穴有箭镞贯穿的痕迹。此人不是别人，正是与他决战过的郑长晋。

“如今长晋已死，想必少侠寻生路无忧了。”翎对上周林的目光，莞尔一笑。

“只是我再也不能行侠仗义。”周林把师傅的教诲转告给翎，“若不能重义轻生，只是凭手中的剑恃强凌弱，和恶霸有什么区别？”

翎回应他，世上的恶霸有许许多多种，不止于乡里市里。官府里有恶霸，朝中有恶霸，甚至诸侯中恶者称霸，亦可用这个词形容。斩杀街上的恶霸只需要勇武，而斩朝中恶霸，国之恶霸，则需要智谋，勇武亦可成为其助力。

周林不禁问翎是怎样的智谋。翎说，天机不可泄露，你要活下去才能亲眼见识。

接下来的日子里，周林和翎常常像挚友一样会面。有时周林问起翎家世，总是得到敷衍的回答，一来二去，他也就不过问了。他喜欢和翎讲自己的少年心事，描述那些路过心上时，依旧泛起涟漪的人影，话语和内容时常重复，一遍又一遍。

“你一袭红衣，张扬的神气有几分像楚绮月。”某天，周林突然来了一句。

“是吗？我怕是那个被欺凌致死的。”翎的语气像在拿自己打趣一般。

周林反复思索，没弄明白这句话的含义，眼前浮现起那个苍白冰冷的人头。转眼离那日已经过了一个月，少女突然让周林报答她送饭的恩情。周林问她需要自己做什么，翎不多解释，只带他来到一个园林，告诉他等下在两条路中选其一。

周林静候良久，直至一阵竽声响起，两支队伍从他身边走过。一边是由四个人抬着的轿子，顶部盖着层层绫罗，象牙白底色上绣有点点桃花。一边是由马童牵来的一匹棕红色骏马，翎身着绯红罗衫长裤缓缓走来。

乐曲在悠扬的旋律中停下，轿中女子抛开顶部的盖子，任其向后滚落。没有帘子遮挡，周林可以看到她抚琴端坐的身姿。他猜到是翎和她说过的卫家千金卫玉瑶。她冰肌玉肤，容貌清丽，如月下昙花，粉尖莲瓣，美目盼兮似霜露凝结。抬轿人不多停留，向左边的小路行进，只留给周林盘发的背影。

另一侧的翎眉宇间英气不减，她翻身上马，手握缰绳，令马儿慢跑起来，马背上的她如同跃动的红霞。周林听从自己的心跳，向右方奔跑，试图追上那匹马。

尘埃落定，无言的寂静中琴声响起，如秋风萧瑟，江水东流。

男子后来更名为临，他是子翎身边最忠诚的护卫和死士。

锦梦

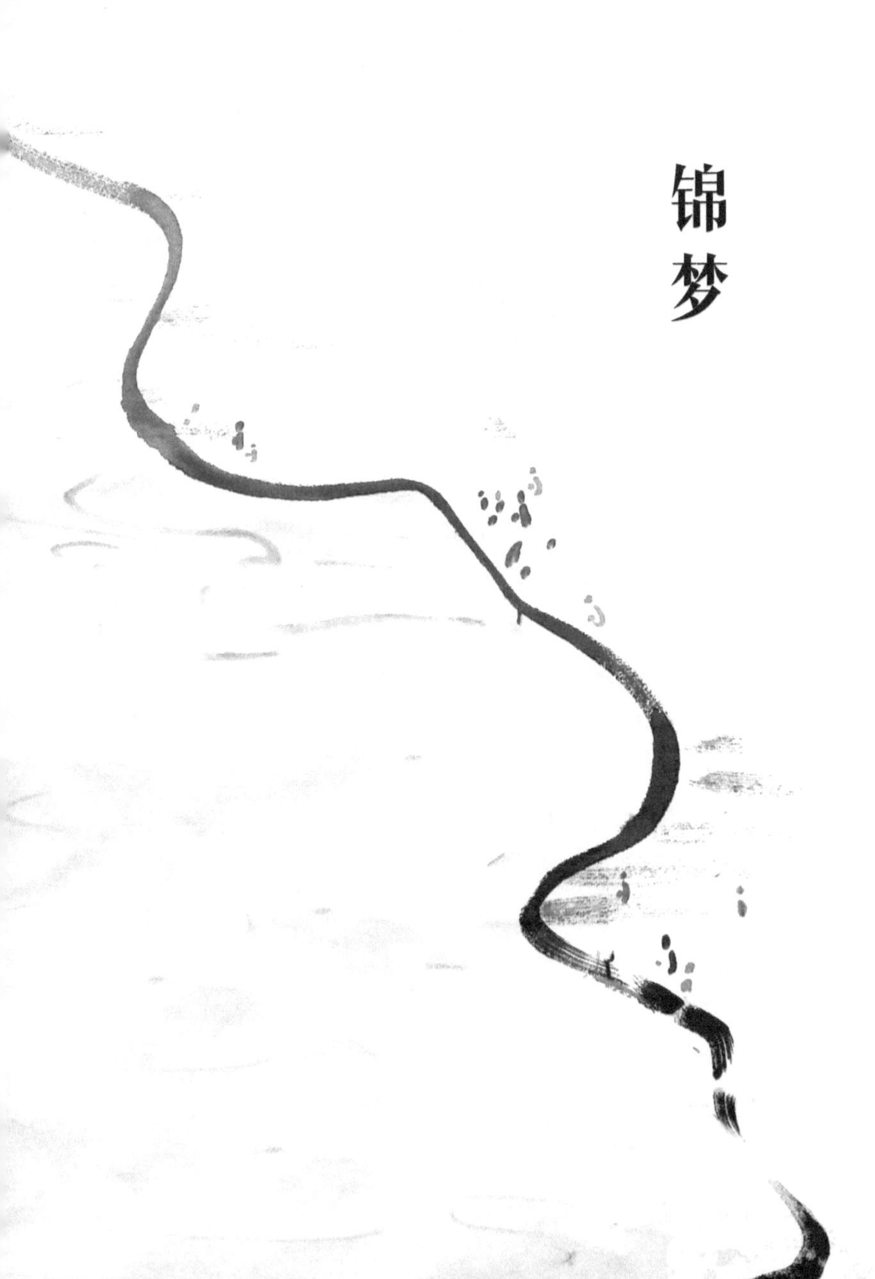

子翎在荆乡修建了一处行宫。说是行宫，不过是将原有房屋外部扩建内部改造，额外新添一座三层的塔楼而已。她看着兴建中的楼台，向村民们承诺会在建成后邀请各位前来观景。慷慨的举动在贵族和官员中并不多见，子翎以此收获了美名。筑于庙宇原址的学堂已于不久前完工，一对农学父子引进了犁车，传授村民们用牛耕地的技巧。这种新方法不仅减轻了村民们的劳苦，还能提高效率增加收入。预想着今年的税收，子翎下令为自己建造行宫。乡民们对高塔未有所闻，因此能无形中提升自己的威信，只是这样还不够，她必须对所有盈余的资源加以利用才能安享其成。

子翎恍然间想起自己年幼时描画人偶一事。那天她完成功课后得到准许，由两个家仆陪同，在王宫里四处闲逛，好奇地走进了一间工坊。她看到工匠们在捏制，雕刻一些小人，并用画笔为他们添上五官，加以鲜艳的衣着。子翎对这些精致的人偶颇为喜欢，便问匠人们要了几个风干的白坯，拿着颜料和毛笔回到自己的居室涂画起来。她一边描绘，一边给人物命名，想象着他们的生平，经历与未来。

“乐师小名叫绾绾，总在闲暇时幻想自己前世是蝴蝶，于是绣了一只蝴蝶在衣袖上。”

“这位是景儿，她出身低微却才华横溢，凭借智慧成了世上少有的女文官。”

子翎自言自语着，没有发觉到女师从身后悄然走近。她看到了子翎手中的陶偶，问安过后便责备起来，身为一国王女，怎么可以做下人的工作。

子翎不悦，反问道：“姑姑是大夫家遗孀，受父王之命教授我女子礼仪，然而此事无关礼仪，姑姑却意图管教，可知做了非分内之事？”

女师未料到子翎会反过来压她一头，她愣了半晌，回过神来一板一眼地讲：“王室子女一言一行关乎社稷，作为王女，必须举止得体，对嗜好有所节制，你怎么能说这不是礼数的一部分呢？”

子翎反驳道：“老子曰，「失道而后德，失德而后仁，失仁而后义，失义而后礼」。所谓礼，只存在人与人之间，是继道德仁义之后维护秩序的替代品。如今我关上门，在自己的居室里画陶偶，怎么就和礼相关了？”

女师无话可说，只好先行告退。隔日辰王将子翎召至书房，问起涂画人偶一事。

子翎知道是女师偷偷上报了父王，赌她未把自己原话全盘托出，先假意认错，又说：“孩儿蒙受父王关爱。父王身为君主，日理万机，不该事必躬亲。孩儿平日里举止不当，应由女师提点，不该劳烦父王费心。”

辰王觉得言之有理，他命人告知女师，日后再有类似的情况不用上报了。女师一向忠心耿耿，不忘职责，冒着惹怒大王的风险，上书将子翎的巧辩一字一句地转述给他。就这样，子翎挨了体罚，而那天随同的家仆和涉事的工匠们也分别受刑，并免去职位。

事后她才明白，这些陶偶不作他用，是陪葬的人俑，目的是让她和父王，还有其他的宗亲贵族去往地下世界后，依旧有仆人，臣属和姬妾相伴。在殷商时期，这些人统统被活杀埋入墓中，周天子改制后按等级限制了人殉的数量。诸侯们生怕不够用，纷纷制作出逼真的草人，木像乃至陶俑替代。后来多家学者提出了人死无知的观点，殉葬有被废弃的苗头，却出现了自愿生殉的人。子翎翻阅着竹简，觉得实在矛盾。

此后，她再也无法用最初的眼光去看这些陶俑了。小人们的仪态和色彩没有改变，却不再让她产生，对某个未曾相识的人一生轨迹的浮想。如今她已经成年，通过自身的谋略得到了更多的自由，更是拥有了荆乡的管辖之权。在她看来，这乡间一方天地，和第一眼的陶坯一样，是某种可以赋予生机的事物。

塔楼还没完工，子翎已经有了谋划。她写信给自己的私人裁缝雪央，让她携几名宫廷绣娘一同前来。安置好绣娘后，她从学堂里空出一间房，召集村里从事纺织的妇女，为她们提供上等的丝绢和绣线，由绣娘们传授宫廷技艺。

不少村妇曾经参与农活，如今有了更轻松的工作，自然甘之如饴。子翎在一旁监督，她立下规矩，每日核对布匹丝线的总量，遗失超出正常损耗时严查，对盗窃行为以等价财物加倍处罚，不能上缴者杖刑。绣品出众者按宫廷月例赏赐，双手笨拙不能掌握技艺的人则暂时辞退。

三个月过后，留下来的女工们出品速度和质量便与绣娘们相差无几。雪央曾带着半分担忧问子翎，她要这些绣品做什么，王侯将相家中女眷皆有统一供应，而寻常富户穿宫廷的样式不免僭越。子翎听罢笑着拍她的肩膀："放心，绝对不会和你们争的。"

记得子翎第一次拿胡服托她仿制时，对她承诺，倘若有人问罪，只管说是她子翎自己动手做的。王女一向愿意担当，雪央也安心听从她的命令，她等子翎打赏完几位绣娘，陪她们回王宫了。

绣娘们走后，子翎让女工抛弃宫廷的纹样，自行发挥做些图案。一些人顿时手足无措，作品依旧大同小异。部分人受花草启发，织出漫山花海之象，还有人做了连绵不绝的三角形或方正的几何图案。子翎从中挑出优异者，规定把前一类用于大面积的布匹上，点缀或平铺，而后者绣在长条的绢布上，用来做衣带和衣襟。在不断的交流协作下，绣品很快叠满了一车。

子翎把这一批料子命名为新绣，她买通了负责掌管外交礼赠的官员，混在夷人献来的礼物中。辰国王室虽以祖上受册封为荣，自认为和假意归附的蛮夷国邦不同，但考虑到他们的军事实力，还是以积极建交为策。很快，新绣便由辰王分赏给嫔妃和文官武将，到了贵妇们手里。

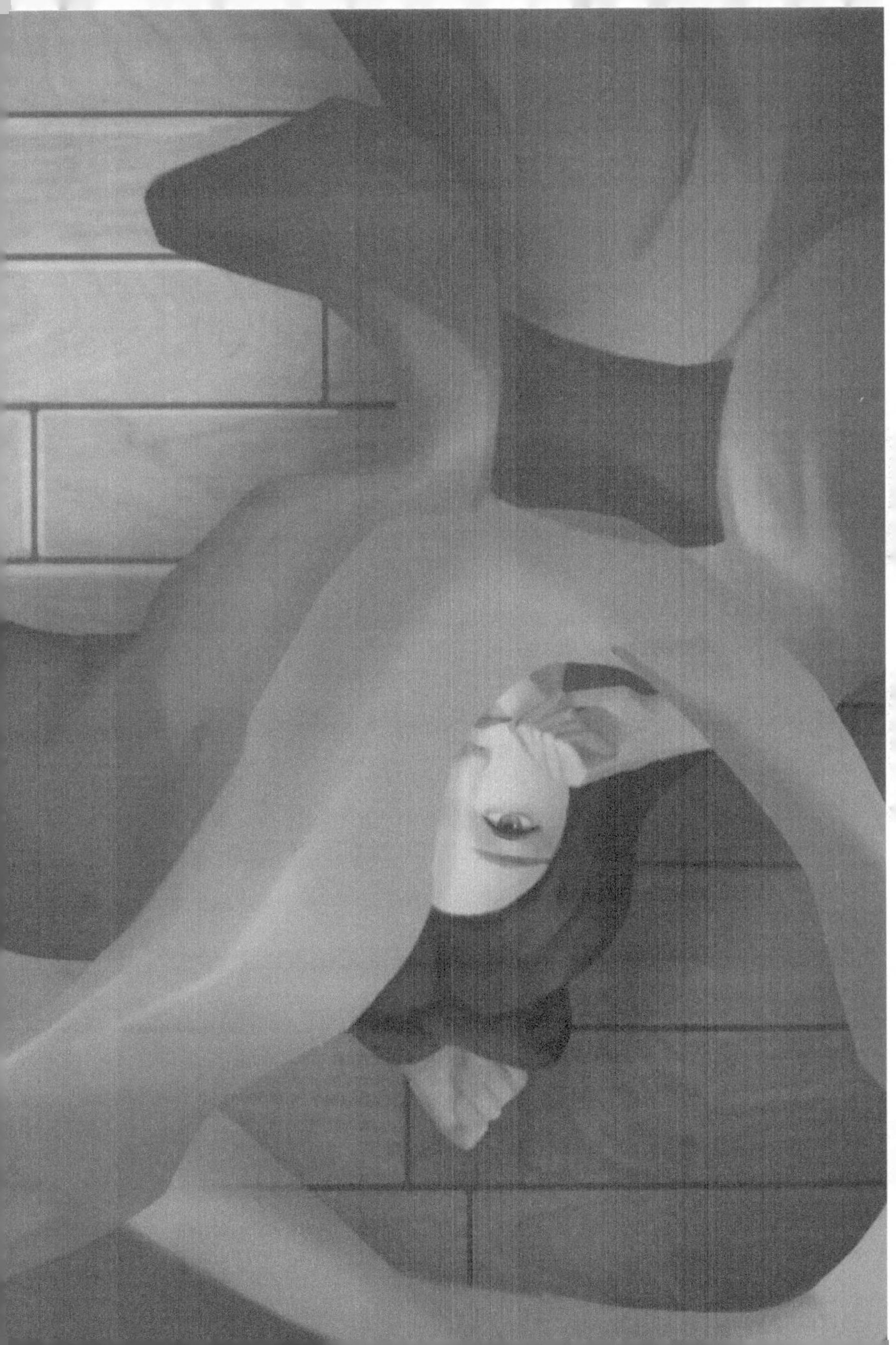

在此期间，子翎一直居住在王都，并派亲信观察，等待这些妻女们外出时，服饰上出现自家出品的纹样。时间一天天过去，她没有听到想要的消息，最多得知，有人用新绣做了袖口和裙边。失望之际，突然听闻王都第一美男子孟连衣着上又多了另类的纹饰。

子翎心中暗喜，她曾听游说的儒生讲，此人言行举止浮夸，爱修饰衣帽，是华而不实；与公侯子弟们多有私交，招惹女子爱慕，是生性轻浮。他缺乏男子汉大丈夫的品格，祸乱社会风气，迟早要遭遇悲惨的下场。当时她只觉得这位学者过于激进严苛，令人心生寒意，得知孟连过得风生水起后，她开始时不时把言论中的词语当成笑料揶揄起人来。

当机立断，子翎写信派人快马加鞭寄至荆乡，吩咐女工们赶制一批料子，设计相似，纹饰和针线从简。接着又在王都租下一间铺子，打扫布置后摆上普通的布匹和丝绸，只在最深处紧锁的镂空柜子里放置新绣的面料。过了几天开张大吉，她请孟连穿起新绣制成的衣裳，在店铺周围走动。前来围观的人们，有一部分对新开张的布坊感兴趣，更多人则是为了目睹孟连俊美的容颜。

很快，人们相互打听，口耳相传得知了这种夷人贵族的工艺，只是其数量稀少，价格高昂，非城里数一数二的富商巨贾不能接受。过了十天半月，新绣的出现仍在热议当头，街上冷不丁的出现几个穿着此纹样的女子，原来是将军和重臣们的娇妻美妾。子翎见时机成熟，将赶制的粗糙简略的绣品运来，以不到原绣品一半的价格出售，没多久就被抢售一空。

不久，子翎的布坊就变成了简易新绣的专营店，她聘请了自己的家仆代为出面，市民们谁也不知道背后竟是王女在经营。有作坊想从这股潮流中分一杯羹，买了几匹布回去仿制，但质量品相皆不能与原版相比。

子翎把经营所得利润用于修桥铺路，开垦新田，吸引了许多远处乡村的农民。只是花无百日红，人们对新绣的热衷终会归于平淡，甚至真相被人揭穿也有可能。

子翎思量着，想出了新的策略。

她召集一批宫女，又唤来雪央，和她一起观察研究女子的面相和肤色，根据综合形象分为宫商角徵羽五类，为之搭配不同色彩的衣物。如果发现同一件衣服穿在两个同类的人身上，效果却相差甚远，就选取新的特征重新划分。反复试验几次，终于得到了可用的标准。

依照这套分类，她的店铺可以为身份尊贵的女子定制专属服装，从此名声有了保障。子翎和多家妻女相约游园，借机向她们介绍布坊的新业务。就在她为之忙碌时，辰王突然传话给她，说有要事相谈。

到了书房，辰王闭口不言其他，只是问起她给荆乡带来的改变，说前些日子他派人去巡查，看到一派兴旺景象，还有新添的三重塔楼。

“凡有暴富或一朝掌权者，皆好兴建高楼，殊不知楼层越高，不慎跌落时摔得越惨。”

子翎思索片刻，知道父王意不在她，便回道："尽管如此，从塔楼上眺望，可以看到更好的风景。"

转眼到了一年一度的明节，按照惯例，每年的这个节气，逢月圆时分，家家户户围坐在篝火边烤些山药，菱角和鸡蛋。子翎也参与其中，她把轻薄的罗纱蒙在苇篾扎成的灯笼上，小心翼翼地点燃灯烛后，纱布内透出绚丽的彩光。接着又在两棵树之间束起一条绳索，将灯笼一个个地挂在绳上。妇女们怀揣各自绣品前来。半个月前，她宣布借用佳节举行一场大赛，要求各位在此期间准备或挑选自己最得意的作品，在灯光下供大家伙儿评比欣赏。

女工们的作品各有千秋，多是些吉祥、丰收或阖家欢乐的图案。当她们展开子翎的作品时，不免啧啧称奇。与其说是刺绣，不如说是一幅正反两面的画卷。它由两张漆黑的绸布缝在一起，正面一只太阳金乌翱翔划过天际，背面则是映在山川河流里的无数轮月亮，在一个寂静的夜晚缓缓升起。

没有异议地，她的作品在灯会中拔得头筹。其实这幅图是在她的描绘和指挥下，由雪央代工完成。他人动手的作品得了奖，子翎于心有愧，她把作为奖品的点心和佳酿分给众人，以犒赏她们几个月以来的辛劳。几人就地坐下享用起来，其他人也不再客气，就这样，一场简单的宴会开始了。

直至深夜，女人们返回各自家中。子翎一个人登上塔楼，周围只有一盏灯笼和皎洁月光，她倚在栏杆上，遥望远方，还能看到一两处未熄的篝火和灯光。

子翎联想到那番话，她心说，若不是站在栏杆上，绝对不会轻易失足摔下。究竟是什么人，出于什么样的心态，非得站在栏杆上不可？如此思绪漫无目的，仅是愉快心情的产物。

坐拥此情此景，身居高位抑或是不居高位，又如何？

天地

有传闻大臣康巳征用封地属民修建宅邸时，曾任由监工打死民众，还将人活埋在地基下镇宅。辰王一向以民为贵，他听完几人进言后，带兵进入康巳府邸搜查，不仅对房屋掘地三尺，还把贴身家仆和管事带走审问。雷霆般的行动带来了意料之外的收获，小吏们从宅邸的暗室中，找到了康巳私通郑国的书信。

康巳曾权高位重，显赫一时，却转眼失去君心，又因罪行败露沦为阶下囚，在外人眼中仿若突来的暴雨冲垮了耸立的沙丘。这一切的发现和处理进行得有条不紊，时机上恰到好处，如同编排好的一场合奏。

军队和粮草正在前往郑国意图进攻的城镇，一颗湛蓝的绿松石珠子滚过未能送到郑王手上的地图。前些天，子翎视察制衣坊时，留意到康巳夫人发簪上的宝石极美，色调和光泽世间难寻，于是令手下故作不经意问起打听，得知是郑国的礼赠。即使对诸侯而言，此等宝物也非常见，以至于随手赠人不心痛。如今戴在康巳夫人的头上，想必郑王对康巳有所求。她知道此人掌握国内兵力和物资调度的信息，一面上报父王，一面派手下严密监视其府上人员往来，连天上的飞鸟也不落下，终于发现了乔装成平民，深夜出行的信使。

密探记下信使车马的特征，在十几里外的关卡处将其拦下，几人搜查车内，翻出了康巳欲献给郑王的城池图。

紧接着便是搜检一事。

郑王得知计划败漏后，大概会暂时放弃进攻的意图吧，子翎边想边手捏珠子，划过地图上的勾线和标注。蓝绿色的玉珠如同一叶孤帆，漫游在瞬息万变的海上。溪正襟端坐在对面，待她先开口提出话题。

“如果此事前因后果被大臣要员知晓，他们会怎样应对？我想听听你的见解。”子翎停下手上的动作，直勾勾地盯着溪的眼睛。

“夫妻若不能同心，今日一事将带来警示和猜忌。有身份的丈夫们会让妻子远离自己的事务，更有甚者会限制她们的生活范围，约束其行动，以此防范。”

“诸如此类非上策，但皆有礼法可循。”子翎赞同道，“师必有名，因此我们需要另立一套理论，非儒非墨，非黑非白，却能融入不同阶层的生活方式中。”

溪眉头紧锁，从记忆中搜寻相应的论调。子翎打断他的思考：“你还记得那天我们在塔上眺望山丘，所见的一片葱葱郁郁的树林吗？”

溪点头，子翎阐明论点：“林中的树，不需要一方统治一方，一方服从一方，每棵树多生长一片叶子，便是给名为森林的整体增添一分颜色。如果这种关系能够用于个人与天下，种种问题就得以解决了。”

“「使天地之生物，三年而成一叶，则物之有叶者寡矣。」生发枝叶是树的天性，而人亦有人之天性，顺之则盛，逆之则衰。”溪沉思许久，用列子的话答复。

另一处时空，一只手握笔，于绢帛上肆意挥洒。

「夫善治外者，物未必治，而身交苦；善治内者，物未必乱，而性交逸。以若之治外，其法可暂行于一国，未合于人心；以我之治内，可推之于天下，君臣之道息矣。」

「丰屋美服，厚味姣色，有此四者，何求于外？有此而求外者，无厌之性。无厌之性，阴阳之蠹也。」

时常有村民路过三重塔，看到白袍窄袖的人影伫立楼上。他戴着环形头冠，全然陌生的扮相，于此间的一切形成了一种巧妙的冲突。目光凝望远处，眼中却似乎不见寻常山水，而是另一番景象。

一旁的嘈杂声中，子翎在行宫的客室里问受邀前来的门客，天下到底是谁的天下？得到的答案不外乎黎民百姓，单调的字眼近乎把耳朵磨出了茧子。她怀着一种平淡坦然的伤感问自己，你究竟想要听到什么回答呢，作答其他的人，是不会成为你的座上宾的。

十六岁生日宴上，辰王赠给子翎一顶镶有红玉的龙凤纹金冠，形制华贵威严，只能在重大祭祀时穿戴。有一天，她取来金冠，问客室里溪在内的所有人，这顶金冠沉入水底，或熔化铸成刀剑，哪种结果更可惜？

有人回答沉入水底，说铸成刀剑，黄金尚在，倘若落水无法寻回，就是永远没了。

亦有人持相反观点，说金冠沉水，只是拥有它的人的得失，其形仍在，若熔化制成他物，世上就再也没有这顶金冠了。

纷纭中，子翎也给出论调，她说：“金冠沉水，可以明志，可以寄哀思。铸成刀剑，其硬度不如铜铁，不堪劈砍，是无用之物。物不能尽其用，便是可惜。”

片刻后，有辩者不解何人意图做此蠢事。子翎言，只因其为可塑之物。

自金冠之辩后，子翎推溪坐上了乡师之位，自己则居于幕后，所有指令都由他代为传达，过不久又安排他以士人身份参与常朝。门客中有人问子翎，为何不偏安一隅享清福，而是要执棋纵盘参与朝政。子翎以吟诗的情感和语调回应："如果仁德之说能够除恶扬善，这个世界上就没有不义了。如果明哲保身能够如愿，清静无为未尝不可。天道无常，你我亦在天地间。鸟儿尚知在风雨来临前加固巢穴，我何不竭尽全力争一番呢？"

子翎委托溪把历次朝会的重点和细节报告给她，并在诸臣之间一言不发，只是观察和学习。终于有一次他带回了令人哭笑不得的消息。一大臣命人巡视荆乡，见是由当地人出身的溪治理，便得出结论，其兴旺缘于乡人自治。他向辰王提议，在各郡县采邑选拔德才兼备之人，由士大夫培养后任命官职。

子翎哑然，这位大臣平日里看似明察秋毫，却完全把她当成了隐形人，对她所有的努力视而不见。她带着半分自嘲得意地想，这不就是敌在明而我在暗吗？父王知晓幕后底细，定然不会采纳，将变法之言交给群臣议论，也许是抛砖引玉，抑或另有目的。

想到这里，她当即奋笔疾书，力图抓住机会施展自己的抱负。起笔先是反对此策，以南橘北枳之说论述偶然在一地的成功不足以效法推行，而后又言举荐制度经由人手，人皆有私心，难免不会成为臣下培植势力结党营私乃至蒙蔽君上的利器。更何况辰国兵力还不足以威慑列国，打消他国进犯的心思，应当设法强军而非文教礼乐治民。若要从民间选拔人才，不如取勇武之人任命军职。

其因有三，一是德才没有唯一的衡量尺度，只要能言善辩，就能把黑说成白，恶以为善，反观武技高下则一目了然。其二，武举有的放矢，成效可见，而文教未然。例如平时用孝道教化百姓，战事发生时又需要征兵，使年轻人远离父母，如同一辆由两匹马拉往相反方向的车，去不了任何地方。其三，兵在于勇而不在于众，正如将在于谋而不在于力，培养一支士气纪律优良的精兵，配合擅长策略的将领，便能以寡敌众，关键时刻反败为胜。尧舜之道，无非耕耨桑蚕，鸡豚狗彘。若使较少的人从军，却达到大规模征兵的实力，余下的百姓便得以留在土地上耕作收获，国家粮食富足，人民安居乐业。「上德不德，是以有德。」

收尾后，子翎把木牍递给溪，吩咐他亲自面见辰王献上。溪走后，她又转着笔，思考起武举精兵之政的障碍和弊端，以及应对的良方。

夜幕降临，寒意料峭，窗外风声阵阵，仿佛凶兽来袭的前兆。子翎深知自己不能掌握变数，却在思索中寻到泰然自若的境界，她的目光穿过窗布，望向屋外的黑暗，似乎在与之宣战。

此去经年

史书记载，辰国国相收受贿赂，采集黄金，在自家庭院里建造了一座光芒耀眼的金树，枝杈如藤蔓般蜿蜒向上，直至九重天。

此事牵扯到王女子翎，她雇工匠用铜仿制辰王赏赐的金饰，再鎏金包裹使其真假难辨，而纯金的原物，则统统进了国相的库房。她这样做，是为了让国相在辰王面前美言几句，获得宠信从而积累权势。

辰王斥其财令智昏，国相跪在地上请求准许自裁，这是斩首和株连亲族之外的一条路。听到这个词，子翎为国相和自己的命运感到悲凉外，竟生出了置身事外般淡漠的思考。人心何曾明过，你知道为什么两位王兄游手好闲不思进取吗，子翎一直觉得，是父王苛刻的要求压垮了他们的精神。

仿佛能看到国相倒在血泊里，子翎回忆起了两人的初见。她因为天生反骨的性格遭受体罚。对于王室子女，行刑师用尽手段，施加痛苦而不伤及皮肉筋骨。完毕后，她被架出刑室，一双眼睛迎面对上途经此处的国相。只见他眼神忽变，似乎被无形之物触动了。子翎的身体半瘫着，可在她幼小的躯体中，住着无论倒下多少次，都会重新站起来的灵魂。

“坚易折，柔恒存。善于弯曲的事物不易折断。”国相劝告她。

“这世界上没有不弯不折的金属吗？”子翎反问。

“凡是刚强的，皆可被摧毁，只是方法，力度和时间的问题。”

“那么人力及借助外物无法扭曲折断的，便是我说的这种金属了。有生之年不见其毁灭，便是长存。”

国相缄默不语。些许时日后，派人告诉子翎他想炼制这种金属，需要黄金作为原料之一，如果她能帮助提供，他将说服辰王对她善待有加。子翎不假思索地答应了。

她把金饰一件件地交给国相，两个人之间产生了一种无言的默契。另一边，一种机制也在巧妙地运行。为了获取金饰，子翎学会了如何得到嘉奖，而辰王也喜欢爱财物的人——贪恋权财之人比什么都不要的人更容易掌控，这是他长年累月居于王位的宝贵经验，如今套用在了子女身上。

王女子翎能够看穿这一点吗？临死前，国相的脑海闪过一丝执念。

临被杀了，子翎希望他战死在与多个刺客的搏斗中，而不是悄无声息地被暗杀。无论哪种结局，有一点是相同的，他永远地离开了她。

还不知道父王会如何处置自己，子翎决定先按兵不动，等待时机再应对，然而她也不清楚等来的将是什么。

她煮了一壶茶，传溪来书房对谈。

两人凝望彼此，久久沉默不语。最终子翎先开口：“无论智慧愚钝，忠诚奸诈，死后终归黄土枯骨。”

“长日有尽，此前万物律动终归静寂，然而不能抹去白日的光彩和喧闹。”溪以自创的词句回应，子翎不曾听闻。

“我想像飞箭般活过一生。随着与生俱来的动力行进，无依靠，无牵挂，有始有终，不悔。”受他启发，子翎也肆意表达自我，不再被形式束缚。

“是否太过短暂？”溪不禁发问，迎上子翎灿烂的神情。

“对于躯体化作大山，眨眼便是日升月落的巨兽而言，日月的运动如飞箭般疾驰。在栖息于蚊子毛发的小虫眼中，一支箭缓慢飞行，途中亦多有波折。”

子翎言罢，又问："你说千百年后，人们会如何评价我们的时代，论为盛世还是衰世？"

"如今史书记录更为详细，后人兴许单独衡量功过，不会一概而论。"溪的语调中有所期望。

"我看未必。"子翎否定他，"这要看后人王朝的制度，如果相近，多半写成盛世，若相差甚远，定会判为衰世。"

子翎和溪一直谈到疲倦，所有的词句都昏昏沉沉，仿佛陷入泥沼般，方休。

从看到鸿雁的那一刻起，子翎知晓了自己的命运。这只家养的雁是聘礼中最具象征性之物，由楚国使者带来。辰王称公主身体不适，不能亲自出面，命家臣代为收下。她联姻的对象是当今楚王，因此出嫁的不仅是她自己，还有八名宗室女子作为媵妾。婚事确定后，她按规定守在居室等待楚国护卫队前来迎接，于此期间不得见外男。包金的赝品首饰被统统销毁，从没收的财物中配齐了一套新的。

临行前，子翎一身珠光宝气动弹不得，溪来马车前见她，悄声低语："你若婚后有悔，就逃回来吧。"

难以捉摸的一瞬间，子翎的眼中闪过一道光芒，却又刻意扭成了充满不信任的表情："然后等楚国发兵攻来是吗？"

溪想要说些什么，被子翎打断："我知道即使婚姻和睦，天下该乱还是会乱，虚假的和平并不值得我付出一生。只是我常想，这半生的幸运，是否都是借来的，终究要还回去。所谓有来有回，生意才能继续。"

溪听罢不再言语，低头行礼告辞。子翎又与其他人一一告别。很快车队便整装待发，于礼乐中启程，逐渐消失在众人视野里。

向南走，不回头，在遥远的楚地，她要实施她的变法。

车队停下歇息时，子翎忽然留意到一名侍女模样熟悉。她把侍女唤至跟前，仔细一看，居然是乔装打扮的雪央。

回忆起往事，子翎心中明了。她幼时与宫中裁缝的女儿相识，得知她羡慕自己的服饰后，便邀请她到卧房里，私下给她试穿。如今她自作主张一路跟随，只因那份天真无邪的勇气和情谊。

婚礼大典过后，子翎被封为王后。楚王喜好完美无缺的玉体，子翎因为手腕上的疤痕不如媵妾们受宠。对丈夫的冷落，她从来不放在心上，只是致力于分内之事，低调地在宫中朝廷逐渐站稳脚跟。直到有一天，楚王看上了雪央，欲收入后宫。子翎虽不情愿，却还是配合楚王让她做了御妻。

朝中有人大书特书，称子翎无妒忌心，有娥皇女英之德。子翎闲来无事，翻阅此人字句，又想起她幼时和雪央玩耍，把珠串盘在她头上。

“你是少女初嫁，而我是新郎迎亲。”

文书与现实，仿若两重天地。子翎曾在心中纠结反复，最终为了打压盛宠的嫔妃，才放弃设计抵抗，任由雪央入宫。后来，她学会了如何均衡后宫以稳固自己的地位，而雪央也没有像其他嫔妃的侍女一样，一朝承宠后背叛旧主。

她曾经梦想的，都得到过满足，因此并不渴望和贪心。

管理后宫以外，子翎常与辰国联络，维系两国的盟友关系。所谓远交近攻，楚国和辰国之间隔了许多小国，楚王不仅对辰国没有进犯的打算，还需要从辰国借兵攻打他国。因此，子翎的举动并未引来猜忌。

光阴荏苒，直到头上生出几丝白发，子翎掌握并重整了楚国的史部，她把自己的思想和情感悉数埋进史书，楚人尚巫祀歌舞，居然没有发现。

桃花源

自从子翎远去，溪不再近朝堂一步。他守在荆乡做他的乡师，闲适的生活，让他梦见了许多事。

很久以前，有一部落名妘，由年长的女性为首。他们定期向商王国进贡奴隶以换取和平与安全。一次纳贡时，商国的使者看中了首领身边的一名少女，想把她带回去献给王上。首领和他约定了时日，答应到了那天，会为她梳洗打扮，与礼物一同献上。

使者回国禀报后，首领集结了部落里所有对商国不满的人，从中挑选聪慧健壮者领军，组织部落向商发动反击。使者携人马前来时，等待他们的是一群战士，将他们统统拿下。

待商的大军攻来，妘人早已逃往别处，愤怒的大军把他们的农田和房屋一齐烧毁。将领们认定妘人已是无根浮萍，启程回王都报喜。返程路上，夜里安营扎寨休息时，军队遭到了妘人的袭击。一时间人慌马乱，商军没抓到几个人，却被抢夺了不少武器和车马。

妘人们携战利品去往有亲缘关系的部落，换来借住生活的资格，又在这些部落里结识年轻人，说服他们一同反抗商王朝。

妘人们的动作，让商王决定扫荡周边，斩草除根以绝后患。第二次大军出动时，各部落迎来了一场血流成河的灭族之战，商朝军队把目所能及的男女老少全部屠戮干净，妘人中只有一个半大的男孩逃了出去。他翻山越岭，不知走了多远，最终被一户子姓的周人家族收养。

周人家族教他天理，这是他们的信仰和学术，其中字句皆来自殷商巫祀，却和半人半兽，要求人祭的西王母昊天上帝不同。周人的天理，如同慈祥沉静的女神，在世界之外主宰万物运行，无欲无求亦无悲悯。

男孩悟性极高，因而得到家族的接纳和重视，他与一庶女成亲，子孙世代传承天理之学。

后来周灭商，并继承了商的法统。男孩的玄孙子梁在研究史料时发现，商并非亡于纣的荒淫行径，而是在成王之后显露衰势。

商景王曾出动大军扫平周边部落叛乱，除去他们原有的首领，改为分封制，使这些族群彻底臣服。奈何新的属民人口众多，还保留着他们原本的文化。景王的弟弟成王趁机夺权，以废除大规模人祭的承诺得到了众多支持。成王即位后征召民众大兴土木，修运河造宫殿，这本是合乎天理之事，却使商王朝灾荒不断，周国得以发展壮大。后来商纣王恢复人祭，在国内引起动乱，姬昌姬发父子趁此伐商。

子粱将他的发现暗藏心中秘而不宣，对外继续弘扬天理的学说。直到病重临终时，他把宗子子彻唤来身边，用最后的气力告诉他四个字。

“人定胜天。”

改朝换代，天翻地覆之际，任谁也不曾留意一名祭司的出走。

在他所属的地域，他有着极高的地位。他手中的龟壳，可以决定无数人的生死，然而登上他的位置并非易事。数千个巫师中，只有一人能够被选中，待前祭司衰老后，继承他的神力。新旧交接需要历经一番仪式，老祭司俯首跪地，年轻的新祭司持一把宽斧砍下他的头颅，让第一股喷涌而出的鲜血溅到自己身上。仪式中，双方镇定缄默，如同两座运动的石像。仪式结束后，栖息在原祭司体内通天的灵魂，就转移到了新祭司身上。

在商王国所有人眼中，成为大祭司并非幸运，而是天命之事。他即位之后，从过去占卜遗留的龟壳里，发现了前任们的秘密。这些拥有至高地位的祭司们早已知晓，用特定手法打磨龟甲，可以烧出自己想要的裂纹图案。他们心中没有鬼神，只有谋略，为自己图利益，或为王上出谋划策。如今，他也将成为其中一员。

他为自己选了一方土地，连带这片土地上的属民。贵族们十分乐意相予与他。随后，他下令雕刻与先祖相似，却不尽相同的神像，作为他属民的守护者。

两种事物能够团结人心，共同的希望和共同的恐惧。在商国人的心灵里，它们如一体两面般不可分割。十余年后，战火侵袭至他的领地，而这些新立的鬼神，帮助他带领民众迁徙到了遥远的荆乡。他们在新的家园开阔耕地，繁衍生息。离开了商朝的影响，许多祭祀的法术和仪式逐渐被人遗忘，只留下人们所需的巫医，吉凶，嫁娶和丧事等等。他也得以在选定继承人后颐养天年。

子彻和他的军队路过荆乡时，祭司的后人已经沦为不起眼的庙祝。这群不速之客把庙中石像滚入河底搭桥，庙祝却一声不吭，只道鬼神们也需要休眠，是时候离开乡民了。兴许平静清闲的生活使他忽视了人性之恶，当他毫无觉察时，另一村里颇有威望之人聚集起民众，指责庙祝维护神明尊严不力，将他囚禁后取而代之，带领村民们打捞并修缮了魑的石像。

古老的轮回，仿佛在这一刻又重新运作。

溪想要把梦到的零碎的片段，和用思绪编织的史事，连同商队来荆乡采购的事，一一告诉子翎时，才想起旧友已经走远。他准备写一封信，寄到楚王宫里。然而在他的印象中，王宫像一堵高高建起的围墙。鸟儿有能飞过它的双翼，却会被射落下来。

没有了子翎的照顾，上级县令开始以囤积兵器粮草为由，巧立名目向他多要税收。溪不愿意搜刮百姓，便向商队收钱。子翎的旧识把绣坊经营得井井有条，其出品依旧无从取代。商队把绣品运至千里之外，几乎无人知晓的地方翻倍售卖，成本里增添一部分税，对他们来说不痛不痒。

溪不时与商队闲谈，听他们述说旅途中的见闻。这些故事令从未远游过的溪啧啧称奇，作为回报，他讲起了他的梦，那是一幅亦真亦幻的青史画卷。

当他谈到祭司带领民众迁徙时，商队的伙计有所反应。有人告诉溪，群山之中有百亩良田，鲜有人踏入，适合作战乱时避难的去处。他之所以透露，是看中溪没有媚上之心，不会拿这个消息向君王邀赏。

进入这个地方，需要划船驶过一条小河，沿岸桃花十里，落英缤纷。

哭喊声中，一个男孩被村人关入地牢，里边漆黑一片，外面的大门被众人用巨石堵上。

根据村里记载，他们已经在这个地方生活百年有余了。先祖为躲避战乱来此定居，随后立下规矩，任何人不得踏入出口的桃园，离开村庄一步。然而总有不安分的人以身犯禁，这个男孩便是例子。

大门的缝隙一点点合上。听着外面的动静，如果说刚才他还心存侥幸，觉得亲人们不过是恐吓他，这一刻他彻底醒悟了。过往的温情和亲缘化为乌有，众人想置他于死地，而他绝不能坐以待毙。

男孩逐渐适应了伸手不见五指的黑暗，他在地面上摸索，触碰到了一边的墙壁。他又沿着墙壁行走，确定了地下室空间的大小。过程中，他的双脚几次碰到异物。大概是以往被关进来的人的尸骸吧，他绝望地想着。不过，就像其他村民不敢踏出一步，而他一定要走出去一样，这些被困死的人，不能打消他逃出生天的念头。

他试着一块块地摇动构成墙壁的石块，它们大小不一。而后他又发现黏合石块的泥浆可以用指甲抠落。他找到了一块略微松动的砖石，抠落周围的泥浆，几番努力后，终于拔了出来。墙外泥土的触感和气味激励着他，顾不上双手的破损，他又对相邻的石块如法炮制，终于在墙壁上捣出一个洞来。

他用自己的肩膀测量，确定刨挖过后，身子可以钻进去。他用一块片状的石块做工具，一边掘土，一边用手将泥沙刨入室内。刚开始，他被逃生的本能和激情驱使着，不觉得疲惫，可是过程实在太漫长。他昏睡过，觉得自己险些再也不会醒来了，但那个亲手凿出的窟窿告诉他，这一切还没有结束。他一寸寸地向上挖掘，期间有进展，譬如大量泥土塌方流出洞口，但更多的是困难。无边的漆黑里，他时不时触碰到岩块和锋利的碎石。

男孩渴时喝一口泥土中渗出的水，却无法阻挡饥饿，疲惫和伤痛向他袭来。他不禁想，自己的举动是否从一开始就是错的，如果节省体力，他还能在这地牢里多活几天。尽管如此，他没有中断手上的动作，并不停总结挖土的经验。心中的希望，外面的世界，对他来说已经不再重要，每一刻的动作，触感和呼吸便是他的全部。

如果要死去，他愿意以这个姿态，与他的意志，头脑和力量一起凝固在黄土之下。

终于，他看到了光明。

www.ingramcontent.com/pod-product-compliance
Lightning Source LLC
Chambersburg PA
CBHW031312060726
47590CB00003B/1180
9781683726166